Bibliographic information published by the German National Library:

The German National Library lists this publication in the National Bibliography; detailed bibliographic data are available on the Internet at http://dnb.dnb.de .

Imprint:

Copyright © 2011 GRIN Verlag, Open Publishing GmbH
Print and binding: Books on Demand GmbH, Norderstedt Germany
ISBN: 9783656646587

This book at GRIN:

http://www.grin.com/fr/e-book/272542/comment-wang-fo-fut-sauve-de-marguerite-yourcenar-l-analyse-de-l-irreel

Louane Lamarche

"Comment Wang-Fô fut sauvé" de Marguerite Yourcenar. L'analyse de l'irréel

GRIN Publishing

GRIN - Your knowledge has value

Since its foundation in 1998, GRIN has specialized in publishing academic texts by students, college teachers and other academics as e-book and printed book. The website www.grin.com is an ideal platform for presenting term papers, final papers, scientific essays, dissertations and specialist books.

Visit us on the internet:

http://www.grin.com/

http://www.facebook.com/grincom

http://www.twitter.com/grin_com

TABLE DE MATIERES

1

1 Avant-propos

« Partons, mon Maître, pour le pays au-delà des flots »[1], dit le disciple Ling au vieux peintre et ils montent en bateau et disparaissent à jamais sur la mer qu'il venait de peindre. C'est de ce fait merveilleux comme des autres événements que je vais m'occuper dans cet exposé sur la nouvelle relativement inconnue de Marguerite Yourcenar intitulée *Comment Wang-Fô fut sauvé* en analysant ce récit en tenant compte des aspects choisis. Pour mieux comprendre l'intention et l'idée de Marguerite Yourcenar je me suis servie de littérature d'accompagnement car celle-ci m'a beaucoup éclairée sur les œuvres de l'auteur dont je me suis fixée comme but la description autonome. En vous informant d'abord de la personne Marguerite Yourcenar, il sera plus facile de suivre la création de ses œuvres, en particulier celle de *Comment Wang-Fô fut sauvé*. En outre j'ai décidé de diviser l'analyse du récit en plusieurs parties puisqu'il traite non seulement d'un sujet unique mais de thèmes différents qui valent d'être abordés en détail. Ce qui m'est apparue très important, c'était l'élaboration de la thématique de l'oppression, celle de la mort et celle du pouvoir de l'art. Comme tous les trois aspects sont empreints d'irréel, il se révélait nécessaire de définir ce terme avant de l'analyser. En réalisant l'ébauche de cet exposé sur *Comment Wang-Fô fut sauvé*, je me suis laissée envoûter par l'histoire du vieux peintre, que j'avais tout d'abord considérée comme une histoire peu intéressante.

---

[1] Marguerite Yourcenar. « Comment Wang-Fô fut sauvé », dans les *Nouvelles orientales*. Paris : Gallimard, 1963, l. 191-192

2 Introduction

« Faut-il donc que ce qui est le plus vrai, le meilleur ait l'air si irréel, et que ce qui est irréel paraisse si vrai ? »[2]
Novalis

Cela pourrait être la question cruciale que se poseraient beaucoup de lecteurs après avoir lu le récit de Marguerite Yourcenar intitulé *Comment Wang-Fô fut sauvé*.

Ce sont des frontières estompées entre le monde réel et l'irréel sur lesquelles on débouche en lisant ce conte chinois. L'objectif de cet exposé est l'analyse du merveilleux et du changement vers l'irréel au sein du récit de *Comment Wang-Fô fut sauvé*.

3 Marguerite Yourcenar – la biographie de l'auteur

Avant d'aborder l'analyse proprement dite, il semble nécessaire de présenter la vie de l'auteur et ses œuvres. Marguerite Yourcenar, de son vrai nom Marguerite de Crayencour, est une grande écrivaine de la littérature francophone, auteur de romans biographiques et historiques. En plus de cela elle est aussi l'auteur d'une œuvre osée qui va à contre-courant de la littérature de son époque.

3.1 Sa vie

Née le 8 juin 1903 d'une mère belge qui est morte à la naissance, Marguerite de Crayencour est élevée par sa grand-mère paternelle, Noémi, et par son père, un anticonformiste et grand voyageur dont l'influence sera essentielle pour sa production littéraire. La jeune fille reçoit une éducation attentionnée et extrêmement abondante, à tel point que c'est aussi son père qui finance à compte d'auteur son premier roman. Sans être allée à l'école, elle passe la première partie de son baccalauréat à Nice. En 1914 la guerre incite M. de Crayencour à se réfugier, avec sa fille Marguerite, à Richmond en Angleterre. Elle ne va pas à l'école, mais profite d'un milieu social éducatif et très tôt apprend le grec et le latin. Dans les années trente, elle voyage beaucoup, en Grèce, en

---

[2] Voir : l'annexe p. IX ; http://www.evene.fr/celebre/biographie/novalis-381.php?citations

Italie et aux Etats-Unis où elle s'installe définitivement en 1939 à cause de difficultés financières et parce qu'en Europe la 2nde guerre mondiale se déclare. Aux Etats-Unis, Marguerite Yourcenar rejoint son amie Grace Frick, une jeune universitaire américaine, qui devient sa compagne et traductrice. Les deux femmes s'achètent la ferme *Petite Plaisance* sur l'île des Monts-Déserts devant la côte de Maine où elles mènent une vie simple et proche de la nature. Devenue citoyenne américaine en 1947, Marguerite Yourcenar y passe le reste de sa vie. Elle enseigne la littérature française jusqu'en 1949 mais ce qu'elle préfère c'est l'écriture. Elle reçoit plusieurs prix littéraires et est la première femme à entrer à l'Académie française[3] en 1980, une révolution dans cette institution uniquement masculine depuis sa fondation en 1635. Décédée le 17 décembre 1987 aux Etats-Unis, elle est enterrée au cimetière Brookside à Somesville (Maine).

3.2 Son œuvre

Son œuvre est composée de romans, d'essais, de pièces de théâtre, de traductions du Grec et aussi de l'Anglais, ainsi que de récits autobiographiques. En plus, Marguerite Yourcenar était aussi poète et critique. Son premier poème, *Le Jardin des Chimères*, est publié en 1921 et signé Yourcenar. C'est l'anagramme de Crayencour, crée par jeu, qui devint son nom légal aux Etats-Unis à partir de 1947. Toutefois c'est avec *Mémoires d'Hadrien* paru en 1951, puis *L'œuvre au noir* en 1968 que Yourcenar devint mondialement célèbre. Malgré tout, elle ne faisait pas partie des personnages populaires de la littérature française contemporaine. Ses livres, qui guident leurs lecteurs dans des pays et des temps lointains, sont considérés comme sérieux et difficiles. Ce qu'elle appréciait en particulier, c'était les réactions différentes aux grandes questions de l'existence humaine: l'amour, la sexualité, la mort, la recherche spirituelle, la liberté de l'individu. Il faut également mentionner l'absence de grandes figures féminines dans son œuvre. Le plus souvent les hommes, dont l'homosexualité ou la bisexualité est marquée comme partie toute naturelle de leur personnalité, sont au centre. En outre la distance frappante qu'elle met entre elle, l'auteur et ses personnages est vraiment caractéristique pour ses livres :

« Le public qui cherche des confidences personnelles dans le livre d'un écrivain est un public qui ne sait pas lire. »[4]

---

[3] L'Académie française, fondée en 1635 par Richelieu, est une institution de France dont la fonction est de normaliser et de perfectionner la langue française.

[4] Marguerite Yourcenar. Les Yeux ouverts. « Entretiens avec Matthieu Galey ». Paris : Le Centurion, 1980, p.205

Le mouvement féministe, l'énergie atomique – c'étaient des thèmes d'actualité de son époque sur lesquels Yourcenar se penchait dans ses essais ; elle s'engageait surtout en faveur de la libération des Noirs et de la protection de la nature. Pour résumer le style de Marguerite Yourcenar, Kasja Andersson écrit que « les romans yourcenariens sont structurés antithétiquement, [car] on y trouve un va-et-vient, un jeu continuel des contraires ; la rage de vivre, l'amour de la vie y sont systématiquement opposés à l'idée de la mort, de la destruction. »[5]

3.2.1 Les Nouvelles orientales

L'œuvre, qui comporte dix nouvelles, est une œuvre de jeunesse de Marguerite Yourcenar qui a été publiée en 1938 chez Gallimard dans la collection « La Renaissance de la nouvelle ». Marguerite Yourcenar a beaucoup voyagé dans sa vie et son recueil *Nouvelles orientales* en représente le témoignage littéraire. L'intérêt pour toutes les formes de culture se reflète aussi dans les thèmes constants : la mort, la puissance de l'art, la création et ses dangers. L'adjectif « orientales » s'explique par le fait qu'elle construit son œuvre spécialement en appui sur les mythologies. Ces récits, avant d'être amassés sous forme de recueil, ont paru séparément entre 1928 et 1937 dans des magazines. *Kâli décapitée* a constitué la première nouvelle publiée en 1928 dans *La Revue européenne*. *Comment Wang-Fô fut sauvé* et *Le dernier amour du prince Genghi* ont toutes deux été publiées respectivement dans *La Revue de Paris* en 1936 et 1937. Pendant ces mêmes années, *Le sourire de Marko* et *Le lait de la mort* ont paru dans *Les Nouvelles littéraires*, et *L'homme qui a aimé les Néréides* dans *La Revue de France*. Enfin, on pouvait lire *Notre-Dame-des-Hirondelles* dans *La Revue hebdomadaire* en 1937. Seule la nouvelle *La fin de Marko Kraliévitch* a été écrite plus tard en 1978 et a été publiée dans *La Nouvelle Revue Française*. Celle-ci ne faisait pas partie de la première édition collective de 1938. En 1963, Marguerite Yourcenar a remanié les récits en améliorant le style, en modifiant la fin du récit « Kâli décapitée » et en changeant certains titres. Ainsi, « Le Chef rouge » est devenu « La veuve Aphrodissia » et « Les Tulipes de Cornélius Berg » s'est transformé en « La Tristesse de Cornélius Berg ». À l'origine, le recueil comportait un autre conte intitulé Les *Emmurés du Kremlin*, mais l'auteur a décidé de le retirer car elle ne le considérait pas aussi valable que les autres. Après une première publication en 1938 chez Gallimard et un remaniement de l'ouvrage

---

[5] Kasja Andersson, « Marguerite Yourcenar ou le don de l'universalité », dans L'Universalité dans l'œuvre de Marguerite Yourcenar, SIEY 1994, p.3

par Marguerite Yourcenar en 1963 avec l'ajout d'un post-scriptum, les *Nouvelles orientales*, version révisée, ont fait l'objet de deux nouvelles éditions toujours chez Gallimard : l'une en 1975 dans la collection « Blanche », l'autre en 1978 dans la collection « L'imaginaire ». Dans *Les Yeux ouverts* et surtout dans le *Post-scriptum* de 1978 qui fait suite aux *Nouvelles orientales*, l'auteur parle des origines de cette œuvre. En effet, son inspiration vient de légendes et de contes très anciens de l'Asie et du Moyen-Orient, qu'elle a entendu raconter au cours de ses voyages. Les récits constituent par conséquent une série de récits que l'auteur a réinterprétés. L'organisation de ce recueil est simple. Une histoire centrale englobe les nouvelles différentes racontées par les narrateurs-personnages appartenant au premier récit. Elles semblent se suivre naturellement, sans logique apparente, mais quand on regarde plus attentivement l'enchaînement des *Nouvelles orientales*, on remarque qu'elles sont arrangées sous forme de cercles concentriques[6]. En effet, nous pouvons constater que les liens entre les récits sont constitués soit par les sujets soit par l'identité des protagonistes. De la sorte la première et la dernière nouvelle, la deuxième et la pénultième et ainsi de suite, forment des effets de miroir et se correspondent. À cause de la structure en cercles concentriques et les jeux de miroir créés par Marguerite Yourcenar animé par l'antagonisme des personnages des couples et par le dédoublement de ces duos, la conception même de personnages et leur relation entre eux se soumet à une organisation binaire. Même les personnages, tout en semblant réels, ont cette touche de magie qui les porte dans un monde mystérieux où le divin fréquente l'humain.

4 « Comment Wang-Fô fut sauvé »

4.1 *Résumé du texte*

C'est l'histoire du vieux peintre chinois Wang-Fô aux dons surnaturels qui erre, accompagné de son disciple Ling, le long des routes du royaume de Han[7]. Il est capable de rendre vivants, de faire bouger les animaux et les personnages qu'il représente avec ses pinceaux ; il fait cadeau de ses peintures à qui les apprécie ou alors les échange contre de la nourriture au lieu de les vendre. Une nuit, les soldats de l'Empereur arrêtent Wang-Fô et son disciple et les conduisent au palais. L'Empereur condamne le vieux peintre à avoir les yeux brûlés et les mains coupées puisqu'il a été élevé enfermé dans une chambre décorée des seuls tableaux de Wang-Fô et lorsqu'il a été en contact avec la

---

[6] Voir : l'annexe, p. VIII ; Les objets qui sont concentriques partagent le même centre.

[7] Dynastie impériale chinoise (206 avant J.-C.-220 après J.-C.).

réalité, le monde lui a paru moins beau. C'est ainsi qu'il a été pris d'une colère épouvantable et a menacé Wang-Fô de ce terrible châtiment. Ling, son disciple fidèle, qui essaie de défendre son maître et tuer l'Empereur est décapité sous les yeux du peintre. Avant d'exécuter sa sentence l'Empereur demande à Wang-Fô de finir un tableau inachevé. Le peintre se met alors au travail et au fur et à mesure qu'il peint, l'eau de sa peinture envahit la salle impériale et la mer monte et submerge l'Empereur et ses courtisans. Un bateau apparaît, conduit par Ling dont une écharpe rouge entoure le cou, s'approche et emporte Wang-Fô. Alors, la mer se retire du palais et l'Empereur ne peut rien faire de plus que de contempler les deux hommes, qui s'éloignent à jamais à l'intérieur de la toile.

4.2 Informations supplémentaires

Suivant la tradition orientale, cette œuvre traite de la frontière entre l'imagination et la réalité de la même façon que le célèbre proverbe chinois « Zhuangzi et le papillon ». Dans celui-ci il est question d'un homme qui rêve d'être un papillon, mais en se réveillant, il ne sait plus s'il est un papillon qui pense être un homme, ou un homme qui a rêvé d'être un papillon.[8] Cette façon de penser serait difficile puisqu'il n'y a plus de frontières nettes entre le réel et l'imaginaire. *Comment Wang-Fô fut sauvé* a l'intention d'initier les enfants au genre fantastique. Face à ce style d'écriture, le conte va requérir la faculté à se détacher du réel et également attirer l'intérêt du lecteur pour une autre culture. C'est aussi un récit moderne, ouvert, où le lecteur est libre d'imaginer la fin de l'histoire. Suite au titre les lecteurs vont anticiper un danger qui va menacer un personnage. En même temps, l'absence de point d'interrogation indique que la narratrice sait ce qui va se passer et le lecteur à sa suite va le découvrir. C'est à eux d'imaginer comment fut sauvé Wang-Fô, contrairement à ce qu'a pu laisser croire le titre, à savoir que la narratrice allait le raconter. Lorsque le châtiment a été énoncé, les lecteurs peuvent essayer de construire la fin à partir de la certitude que le vieux peintre Wang-Fô va être sauvé.

5 L'irréel dans la Nouvelle

Compte tenu du fait que Wang-Fô peint des images qui prennent vie, la nouvelle pose des questions décisives sur le réel et de l'irréel. Où commence l'irréel, où s'arrête-t-il ?

---

[8] Voir : l'annexe p. X ; http://www.lacanchine.com/L_Zhuangzi.html

En quoi est-il influencé par le réel et en quoi l'influence-t-il en contrepartie ? Comment passer la frontière?

5.1 Définition de l'irréel

Définir un terme abstrait comme celui-ci est une tâche difficile. Certainement chaque personne a sa définition personnelle de cette expression. Toutefois, il y a selon toute vraisemblance des aspects que toutes les tentatives d'explication ont en commun. L'encyclopédie nous enseigne que l'irréel est quelque chose qui n'est pas réel, qui manque de réalité, qui est illusoire. L'adjectif « illusoire » pour sa part signifie quelque chose qui est trompeur et hors du champ de la réalité. En philosophie on trouve des explications plus élaborées. Selon les philosophes l'irréel « [...] n'existe qu'à l'état d'invention imaginative ou de conception logique »[9].

6 L'analyse

Les élaborations ci-après analysent les événements et les circonstances dans *Comment Wang-Fô fut sauvé* en référence à l'irréel autant qu'au merveilleux.[10]

6.1 Les deux mondes

Le texte oppose d'une manière très forte deux mondes. Le monde réel, tel que le découvre le jeune empereur est caractérisé par la laideur, la brutalité et la violence tandis que Wang-Fô crée un monde imaginaire qui échappe aux contingences matérielles, un monde intemporel, éternel, à la beauté absolue. Il ne se contente pas simplement de reproduire le réel dans ses peintures, au lieu de cela il l'interprète et l'embellit sur sa toile. Selon l'Empereur l'artiste possède le plus beau des royaumes, car on y entre par « le chemin de Milles Courbes et des Dix Milles Couleurs »[11]. Son art, porté à la perfection, donne vie à tout ce que le vieux peintre recompose en images. Aidé par Ling, Wang-Fô réussit à échapper à la menace impériale en montant dans le canot qu'il a peint et à naviguer sur les flots de son tableau. Ainsi, au moment où il se met à compléter son œuvre de jeunesse, un changement apparaît vers l'irréel, la pièce où lui et la cour impériale se trouvent, se remplit d'eau. Peu à peu le tableau prend la place de la réalité jusqu'à l'apparition de Ling qui marque un basculement complet dans l'irréel. Cette toile devient alors la porte d'entrée vers un autre monde, celui du « pays

---

[9] Voir : l'annexe p. XI ; http://www.mediadico.com/dictionnaire/definition/irreel/1

[10] Ce qui est inexplicable de façon naturelle ; le monde surnaturel

[11] CWF, l. 110

8

au-delà des flots »[12] où Wang-Fô et Ling vont disparaître. Débouchant sur un monde intemporel et sans limite la toile semble infiniment profonde. Curieusement, dès le début de la rencontre entre l'Empereur et le peintre, la pièce dans laquelle ils se trouvent porte déjà les caractéristiques de la mer par son infinité et ses teintes. « C'était une salle dépourvue de murs, soutenue par d'épaisses colonnes de pierre bleue. […] Il leva sa main droite, que les reflets du pavement de jade faisaient paraître glauque comme une plante sous-marine […] »[13] Il faut également mentionner que les protagonistes sont fréquemment associés à des plantes. Ainsi, la main de l'Empereur devient l'espace d'un instant une plante sous-marine, sa tête semble se muer en lotus[14]. Lorsque Ling vient sauver le vieux peintre, le niveau de l'eau qui a envahi la pièce impériale est si haute que la salle devient plus restreinte et forme alors un espace évoquant une caverne creusée dans les rochers : « Le plafond de jade se reflétait sur l'eau, de sorte que Ling paraissait naviguer à l'intérieur d'une grotte. »[15] Le palais impérial est par le fait même l'endroit tout désigné pour que cette magie opère, car il est lui-même un monde dans un autre ; il symbolise l'empire tout en étant contenu dans ce même empire chinois, il est la ville dans la ville. La complicité intensive qui existe avec les protagonistes ne se limite pas au monde de vivants, elle s'élargit aussi au cosmos. En effet, de nombreux rapports sont dessinés entre les humains et les éléments qui les entourent. L'Empereur est associé à l'été tandis que Wang-Fô est comparé à l'hiver[16]. Les différentes pièces du palais impérial sont construites de façon à figurer les divers éléments du cosmos. Ainsi, le palais est constitué de « […] salles rondes ou carrées dont la forme symbolisait les saisons, les points cardinaux, la lune et le soleil, la longévité et la Toute-Puissance. »[17]

6.2 L'oppression

« Dragon céleste » cette métonymie[18] qui se réfère à la mythologie chinoise, à la nécessité du mal dans l'ordre de la vie et du royaume du ciel et de la terre, est le symbole de la puissance. Bien sûr on peut trouver encore d'autres indications de la puissance en observant attentivement le comportement des courtisans et celui de

---

[12] CWF, l. 192

[13] CWF, l. 60, l. 79-80

[14] CWF, l. 178

[15] CWF, l. 174-175

[16] CWF, l. 74

[17] CWF, l. 52-54

[18] Une figure de style qui consiste à remplacer un substantif par un autre qui peut lui être équivalent.

9

l'Empereur lui-même. Le signe de petit doigt qui déclenche une action fait ressortir la toute-puissance de l'Empereur tout autant comme l'adverbe « respectueusement »[19] qui met en valeur la personne de l'Empereur. L'action immédiate montre très clairement le rapport maître – esclave. Toute parole est inutile. Un autre symbole est l'usage de l'étiquette, que les courtisans sont soucieux de ne pas rompre. Devenus des êtres sans réaction, ainsi ils semblent « paralysés »[20]. Cette comparaison insiste sur leur présence malgré l'inondation devenue périlleuse. En plus de cela, la répétition fréquente du nom de l'Empereur saute aux yeux. Ici, la majuscule constitue aussi une référence à la toute puissance. En ce qui concerne Wang-Fô, on peut trouver une manifestation physique de l'oppression dans l'action de sécher ses larmes ce qui montre l'expression de sa peine. Effectivement, la présence des instruments de torture (brasier, bourreau[21]) contribue à une atmosphère très lourde et oppressante. Choisissant le châtiment de lui couper les mains et brûler les yeux qui sont l'instrument de son talent artistique l'Empereur manifeste sa jalousie sans borne. Outre cela, il ne faut pas passer sous silence l'emploi de la couleur qui est aussi très importante au cours du récit. Elle produit l'effet étrange du palais (ton verdâtre, bleuâtre, violet), de la violence des soldats dépeints comme des dragons enflammés « la flamme filtrant à travers le papier bariolé mettait sur leur visage des reflets rouges, jaunes et bleus »[22], de la cruauté de l'exécution de Ling (rouge), alors que la peinture de Wang-Fô se caractérise par la pureté (rose et bleu). Au bout de compte la tyrannie de l'Empereur est soulignée pour mieux mettre en exergue la fuite grâce à l'art : cet aspect constitue donc également l'apologue.

6.3 L'apologue

Ce passage va expliquer pourquoi ce texte peut être qualifié d'apologue. En général l'apologue, du grec *apologus,* signifie un court récit en prose ou en vers, dont on tire une instruction morale. Dans *Comment Wang-Fô fut sauvé* l'histoire du vieux peintre nous instruit le pouvoir de celui-ci et son rapport avec l'autorité (cf. l'oppression). Wang-Fô peut recomposer le monde selon ses émotions et ses vues ; ses tableaux sont caractérisés par des paysages ouverts symbolisant l'évasion dans un monde d'oppression. Ici, l'art sert de consolation. Lorsque Wang-Fô commence à peindre, il est

---

[19] CWF, l. 143

[20] CWF, l. 160

[21] L'exécuteur de la cruauté impérial

[22] CWF, l. 39-40

capable d'oublier complètement l'oppression. Finalement il peut échapper à l'autorité abusive de manière allégorique[23]. En constatant que « ces gens-là ne sont pas fait pour les perdre à l'intérieur d'une peinture »[24] Ling constitue enfin la clef de la lecture. Tandis que l'Empereur incarne la puissance corporelle, la violence, Wang-Fô possède une puissance créatrice, la douceur et la sérénité. L'histoire illustre que l'Empereur ne peut rien faire contre la peinture de l'artiste, la puissance de l'art qu'il envie : un empire plus beau et plus grand que le sien. Ainsi cette nouvelle est un apologue qui fait l'éloge de l'art et qui montre que le véritable artiste oublie le réel et s'embarque dans la peinture.

6.4 Le pouvoir de l'art

Le récit Comment *Wang-Fô fut sauvé* rend hommage à la création comme force d'expression qui effraie le pouvoir. L'artiste surpasse ici le pouvoir de l'Empereur, qui, pourtant possède le droit de vie et de mort.

L'histoire oppose deux sortes de pouvoir : le pouvoir temporel et le pouvoir artistique. Le pouvoir temporel est un pouvoir brutal, violent et cruel. Il s'oppose complètement au pouvoir artistique qui repose sur la création et la sensibilité. L'artiste dispose d'un pouvoir supérieur à celui de l'Empereur, c'est le pouvoir de la transformation. Ostensiblement les artistes et les dieux ont en commun de nombreuses caractéristiques. Ils ont d'abord un rôle de créateur, ils peuvent voir l'invisible et possèdent un détachement face à leurs admirateurs. « Ayant ces attributs, un artiste peut atteindre à une caractéristique suprême de Dieu, c'est-à-dire, l'immortalité. »[25] Le personnage de Wang-Fô réunit en lui tous ces attributs. C'est lui qui triomphe dans son œuvre ultime à l'intérieur de laquelle il accède à l'au-delà ; cette « […] mer sereine qu'il peint, loin de symboliser une incitation à mourir, devient lieu de transformation et de renaissance […] »[26] La magie de l'art triomphe de la mort : c'est la leçon que nous apprenons par cette histoire.

---

[23] Expression d'une idée par une métaphore (image, tableau, etc.) animée et continuée par un développement.

[24] CWF, l. 186-187

[25] Frederick-C. et Edith-R. Farrell, « L'Artiste : Dieu d'un monde intérieur » dans Marguerite Yourcenar et l'art : L'art de Marguerite Yourcenar, actes du colloque tenu à l'Université de Tours, 1990, Tours, SIEY, nov. 1988, p.14-15

[26] Claude Benoit, « La mort dans les Nouvelles orientales », p.163

6.5 La mort

La vision artistique de Wang-Fô se situe dans un monde de reflets, de formes et de couleurs, ainsi, aux yeux du peintre, le sang de Ling devient « une belle tache écarlate »[27]. Par son art, non seulement il transfigure la laideur habituellement attachée à la mort, mais il crée un monde immortel et règne sur « des plaines couvertes d'une neige qui ne peut fondre et sur des champs de fleurs qui ne peuvent pas mourir »[28]. Doué d'un étrange pouvoir, le pouvoir de donner la vie à ses peintures, il fait revivre son disciple Ling par sa peinture, l'arrachant ainsi à la mort. Le frêle canot n'est pas ici la lourde barque mais l'arche salvatrice qui conduit le maître et son disciple vers un monde de beauté et d'éternité au-delà de la mort. Pour Wang-Fô la peinture constitue le refuge et le salut qui lui permet d'échappe à la mort, abandonnant le monde de la réalité pour un monde fantastique créé par lui, espace de la liberté.

6.6 Le « ménage à trois »

C'est surtout le dialogue entre le peintre et son disciple qui souligne le lien indestructible entre eux. Ainsi la mémoire du maître et son œuvre permettent à Ling de dépasser la mort. L'art réunit dans la mort Wang-Fô et Ling comme il a permis à Ling de pénétrer son mystère par l'intermédiaire du peintre et donc de les unir au service d'un même but. C'est aussi l'expression du souci du disciple pour son maître : il l'aide à fuir alors même que Wang-Fô l'a fait réapparaître. Ils forment un couple en marche qui est inséparable (« et »[29]). Wang-Fô est le maître qui impulse le rythme, qui décide les petits voyages et la pauvreté comme mode de vie. Son disciple, en revanche, a une telle admiration qu'il se met lui-même en situation de serviteur. Il représente un compagnon humble et obséquieux, et c'est un honneur pour Ling de marcher aux côtés de son maître. Comme Ling a compris l'art de son maître et su le servir, sera sauvé par l'art, il aura droit, comme Wang-Fô, à l'immortalité. Pour lui Wang-Fô fait figure de second père et c'est cette relation étroite tissée entre Wang-Fô et Ling qui est constante dans le récit. La dévotion de Ling va jusqu'à revenir du monde des morts, car il ne peut mourir tant que son maître demeure en vie. La toute puissance de l'Empereur, ne peut rien contre ce duo indestructible que l'Art rend éternel. Le triangle relationnel se compose pourtant de liens entre l'Empereur et Wang-Fô autant que entre l'Empereur et Ling.

---

[27] CWF, l. 128

[28] CWF, l. 111-112

[29] CWF, l. 5

L'élément qui unit ces derniers au-delà de leurs réactions est le vieux peintre. Celui qui les sépare est le lien différent qu'ils entretiennent avec la peinture. On peut ainsi parler d'un lien à la fois antithétique et commun. Dans chaque cas, la rencontre de l'artiste est déterminante. L'Empereur vit dans l'attente du moment magique où il découvrira son royaume, car son imaginaire est pleine de la beauté. Il se forge des images de son pays aussi poétiques que celles créées par Wang-Fô. C'est lorsqu'ils sont confrontés au réel que ces deux personnages réagissent de façon opposée au monde extérieur et à l'art du maître.

6.7 L'Empereur

L'Empereur est un personnage important dans la mythologie chinoise et orientale en général. Il possède le droit de vie et de mort chez ses sujets étant donné qu'il est le garant, de l'ordre du monde et que toutes ses actions sont légitimes. La description de l'Empereur nous fait voir que son apparence physique, ses vêtements, finalement tout son être sont en fait la réalisation d'une double identité résumée en une seule personne. Son visage, sa voix, de même que sa réaction de pure vengeance et dénuée de sagesse, démontrent sa jeunesse. Cependant, son expression inexpressive et surtout ses mains témoignent paradoxalement du temps écoulé : « Le Maître Céleste était assis sur un trône de jade, et ses mains étaient ridées comme celles d'un vieillard, bien qu'il eût à peine vingt ans.»[30] Les souvenirs du jeune monarque puisent leur origine dans les œuvres du Maître. Très tôt, il croit voir dans les toiles de Wang-Fô la réalité extérieure et il vit dans l'attente de voir son merveilleux royaume. Lorsqu'il parcourt enfin le pays de Han, la déception est d'autant plus forte qu'il se sent trahi, car celui-ci ne correspond pas du tout aux souvenirs qu'il garde des peintures de Wang-Fô. Le souvenir est amer parce que son seul désir était de régner sur un pays comme celui créé par le vieux peintre, à ses yeux, c'est le seul valable.

7 Conclusion

Comment Wang-Fô fut sauvé est un récit bref, une anecdote d'un personnage qui se termine par une illusion, et qui est destiné à se prolonger au-delà de la fiction dans l'imagination du lecteur. Derrière ses recueils se profilent les mythes de la confusion du réel et de l'imaginaire, de l'effacement de la frontière entre le sensible et l'intelligible.

---

[30] CWF, l. 68-69

C'est cette ligne tenue entre le réel et l'imaginaire qui est présente dans *Comment Wang-Fô fut sauvé.*

Sans aucun doute la lecture soulève beaucoup de questions :

Le peintre est-il un imposteur ? A-t-il le droit de transformer le réel en imaginaire ? Finalement, qu'est-ce que l'art ? Comment Ling peut-il réapparaître ? Sont-ils morts tous les deux ? Ou sont-ils vivants? Passent-ils vraiment dans un autre monde ? Cet autre monde existe-t-il et s'il existe, où est-il ? Pourtant c'est un conte et un conte nous autorise à laisser aller notre imaginaire, notre imagination, notre créativité …

8 Bibliographie

ANDERSSON, Kasja. « Marguerite Yourcenar ou le don de l'universalité », dans *L'Universalité dans l'œuvre de Marguerite Yourcenar*, actes du colloque international, Tenerife, Espagne, novembre 1993, édités par Maria José Vazquez de Parga et Rémy Poignault, Tours, SIEY, 1994

BENOIT, Claude. « La mort dans les Nouvelles orientales », dans *Marguerite Yourcenar. Une écriture de la mémoire*, textes réunis par Daniel Leuwers et Jean-Pierre Castellani, Marseille, Sud, 1990

FARRELL, Frederick-C. et Edith-R. « L'Artiste : Dieu d'un monde intérieur », dans *Marguerite Yourcenar et l'art : L'art de Marguerite Yourcenar*, actes du colloque tenu à l'Université de Tours, 1990, Tours, SIEY, nov. 1988

SAVIGNEAU, Josyane. *Marguerite Yourcenar – L'invention d'une vie*, Paris: Gallimard, 1990

YOURCENAR, Marguerite. *Les Yeux ouverts* : « Entretiens avec Matthieu Galey ». Paris : Le Centurion, 1980

9 Annexe

Marguerite Yourcenar : « Comment Wang-Fô fut sauvé »

Organisation en cercles concentriques du recueil *Nouvelles orientales*

Link : Citations de Novalis

Link : Définition de l'irréel

Link : Le papillon

9 Annexe

Marguerite Yourcenar

COMMENT WANG-FÔ FUT SAUVÉ

5   Le vieux peintre Wang-Fô et son disciple Ling vagabondaient le long des routes du
royaume des Han. Le royaume des Han: c'était le nom qu'en ce temps-là on donnait à la
grande Chine.

Personne ne peignait mieux que Wang-Fô les montagnes sortant du brouillard, les lacs
10   avec des vols de libellules, et les grandes houles du Pacifique vues des côtes. On disait
que ses images saintes exauçaient d'emblée les prières ; quand il peignait un cheval, il
fallait toujours qu'il le montrât attaché à un piquet ou tenu par une bride, sans quoi le
cheval s'échappait au grand galop du tableau pour ne plus revenir. Les voleurs n'osaient
pas entrer chez les gens pour qui Wang-Fô avait peint un chien de garde.
15

Wang-Fô aurait dû être riche, mais il aimait mieux donner que vendre. Il distribuait ses
peintures à ceux qui les appréciaient vraiment, ou bien les troquait contre un bol de
nourriture. Il ne chérissait que ses pinceaux; ses rouleaux de soie ou de papier de riz, et
ses petits bâtons d'encre de diverses couleurs qu'il frottait contre une pierre pour en
20   mélanger la poudre avec un peu d'eau.

Ling, en échange de ses leçons; lui donnait tous les soins qu'un disciple doit à son
maître. Il mendiait du riz quand Wang et lui étaient à court de piécettes d'argent; et,
quand les gens étaient trop avares pour donner, il volait. Il massait le soir les pieds
25   fatigués du vieux, et, le matin, il se levait de très bonne heure pour aller voir aux
alentours s'il n'y avait pas un paysage que le maître aimerait peindre.

Un soir, au soleil couchant, ils atteignirent les faubourgs de la capitale, et Ling chercha
pour Wang-Fô une auberge où passer la nuit. Le vieux s'enveloppa dans des loques et
30   Ling se coucha contre lui pour le réchauffer, car le printemps commençait à peine, et le
sol de terre battue était encore gelé. Ling souffrait de la saleté de l'auberge, mais le
vieux s'enchantait des ombres tremblotantes qu'une maigre lampe jetait sur les murs et
des étranges dessins que faisaient au plafond les traces de la suie. A l'aube, des pas
lourds retentirent dans les corridors, et des commandements criés en langue barbare.

35 Ling frémit, se rappelant qu'il avait volé la veille un gâteau pour le repas du maître. Ne doutant pas qu'on ne vînt l'arrêter, il se demanda qui aiderait demain le vieux à passer le gué du prochain fleuve.

Les soldats entrèrent avec des lanternes. La flamme filtrant à travers le papier bariolé
40 mettait sur leurs visages des reflets rouges, jaunes et bleus. Ils rugissaient comme des bêtes fauves et la corde de leur arc vibrait à chaque cri. L'un d'eux posa rudement la main sur la nuque de Wang-Fô, qui ne pouvait s'empêcher d'admirer la broderie de leurs manteaux.

45 Soutenu par son disciple, Wang- Fô les suivit en trébuchant le long des routes inégales. Les passants attroupés se moquaient de ces voleurs qu'on menait sans doute exécuter. A toutes les questions de Wang, les soldats répondaient par une grimace sauvage. Ses mains ligotées souffraient, et Ling désolé regardait son maître en souriant, ce qui était pour lui une façon plus tendre de pleurer.
50

Ils arrivèrent sur le seuil du palais impérial, dont les murs violets mettaient en plein jour un pan de crépuscule. Les soldats firent franchir à Wang-Fô des salles rondes ou carrées dont les formes symbolisaient les saisons, les points cardinaux, la lune et le soleil, la longévité et la Toute-Puissance. Les portes tournaient sur elles-mêmes en émettant des
55 notes de musique et leur agencement était tel qu'on parcourait toute la gamme en traversant le palais de l'aube au couchant. Enfin, le silence devint si grand qu'on osait à peine respirer ; un esclave souleva un rideau, et la petite troupe entra dans la salle où trônait le Fils du Ciel.

60 C'était une grande pièce soutenue seulement par d'épaisses colonnes de pierres bleues. Un jardin s'épanouissait tout autour, et chaque fleur de ses bosquets appartenait à une espèce rare venue d'au-delà les océans. Mais elles étaient sans parfum, de peur que les méditations du Dragon Céleste ne fussent troublées par les bonnes odeurs. Un mur énorme séparait le jardin du reste du monde, afin que le vent qui passe sur les quartiers
65 des pauvres et les champs de bataille ne pût se permettre de frôler la manche de l'Empereur.

Le Maître Céleste était assis sur un trône de jade, et ses mains étaient ridées comme celles d'un vieillard, bien qu'il eût à peine vingt ans. Comme ses courtisans, rangés au

70 pied des colonnes, tendaient l'oreille pour recueillir le moindre mot sorti de ses lèvres, il
    avait pris l'habitude de parler toujours à voix basse.

    - Dragon Céleste, dit Wang-Fô prosterné, je suis vieux, je suis pauvre, je suis faible. Tu
    es comme l'été ; je suis comme l'hiver. Tu as Dix Mille Vies ; je n'en ai qu'une, et qui va
75 finir. Que t'ai-je fait? On a lié mes mains, qui ne t'ont jamais nui.

    - Tu me demandes ce que tu m'as fait, vieux Wang-Fô? dit l'Empereur.

    Sa voix était si douce qu'elle donnait envie de pleurer. Il leva sa main droite, que les
80 reflets du pavement de jade faisaient paraître verte comme une plante sous-marine, et
    Wang-Fô, émerveillé par la longueur de ces doigts minces, chercha dans ses souvenirs
    s'il n'avait pas fait de l'Empereur ; ou de ses ascendants, un portrait médiocre qui
    méritait la mort. Mais c'était peu probable, car Wang-Fô jusqu'ici avait peu fréquenté la
    cour des empereurs, lui préférant les huttes des fermiers, ou, dans les villes, les tavernes
85 le long des quais où se querellent les portefaix.

    - Tu me demandes ce que tu m'as fait, vieux Wang-Fô? reprit l'Empereur en penchant
    son cou grêle vers le vieil homme qui l'écoutait. Je vais te le dire. Mon père avait
    rassemblé une collection de tes peintures au fond de son palais, et c'est dans ces grandes
90 salles que j'ai été élevé, vieux Wang-Fô, car on ne me permettait pas de sortir, de peur
    que la vue de malheureux ne me troublât l'esprit ou ne m'agitât le cœur. Personne, sauf
    quelques vieux serviteurs qui se montraient le moins possible, n'avait le droit de
    franchir mon seuil, de crainte que l'ombre de ces passants ne s'étendît jusqu'à moi. La
    nuit, quand je ne parvenais pas à dormir, je regardais tes peintures, et, pendant dix ans,
95 je les ai regardées toutes les nuits. Le jour, assis sur un tapis dont je savais par cœur les
    dessins, reposant mes mains sur mes genoux de soie jaune, je me représentais le monde,
    le pays de Han au milieu, pareil à la plaine creuse et monotone de la main que sillonnent
    les lignes profondes des Cinq Fleuves. Tout autour, la mer où naissent les monstres, et,
    plus loin encore les montagnes qui supportent le ciel. Et, pour m'aider à me représenter
100 toutes ces choses, je me servais de tes peintures. A seize ans, j'ai vu se rouvrir les portes
    qui me séparaient du monde; je suis monté sur la terrasse du palais pour regarder les
    nuages, mais ils étaient moins beaux que ceux de tes crépuscules. J'ai commandé une
    litière; secoué sur des routes dont je ne prévoyais ni la boue ni les pierres, j'ai parcouru
    les provinces de l'Empire sans trouver tes jardins pleins de femmes semblables à des

105   fleurs et tes forêts remplies d'antilopes et d'oiseaux. Les cailloux des rivages m'ont

dégoûté des océans; la laideur des villages m'empêche de voir la beauté des rizières, et

le rire épais de mes soldats me soulève le cœur. Tu m'as menti, Wang-Fô, vieil

imposteur: le royaume de Han n'est pas le plus beau des royaumes et je ne suis pas

l'Empereur. Le seul empire sur lequel il vaille la peine de régner est celui où tu pénètres,

110   vieux Wang, par le chemin des Mille Courbes et des Dix Mille Couleurs. Toi seul

règnes en paix sur des plaines couvertes d'une neige qui ne peut fondre et sur des

champs de fleurs qui ne peuvent pas mourir. Et c'est pourquoi, Wang-Fô, j'ai cherché

quel supplice te serait réservé, à toi dont les peintures m'ont dégoûté de ce que je

possède, et donné envie de ce que je ne posséderai pas. Et, pour t'enfermer dans le seul

115   cachot dont tu ne puisses sortir, j'ai décidé qu'on te brûlerait les yeux, puisque tes yeux

sont les deux portes magiques qui t'ouvrent ton royaume. Et puisque tes mains sont les

deux routes aux dix embranchements qui mènent au cœur de ton empire, j'ai décidé

qu'on te couperait les mains. M'as-tu compris, vieux Wang-Fô?

120   En entendant cette sentence, le disciple Ling arracha de sa ceinture un couteau ébréché

et se précipita sur l'Empereur. Deux gardes le saisirent. Le Fils du Ciel sourit et ajouta

dans un soupir:

- Et je te hais aussi, vieux Wang-Fô, parce que tu as su te faire aimer. Tuez ce gueux.

125

Ling fit un bond en avant pour éviter que son sang ne vînt tacher la robe du maître. Un

bourreau le décapita d'un coup de sabre. Les serviteurs emportèrent ses restes, et Wang-

Fô, désespéré, admira la belle tache écarlate que le sang de son disciple faisait sur le

pavement de pierre verte.

130

L'Empereur fit un signe, et deux esclaves essuyèrent les yeux de Wang-Fô.

- Écoute, vieux Wang-Fô, dit l'Empereur, et sèche tes larmes, car ce n'est pas le

moment de pleurer. Je possède dans ma collection de tes œuvres une peinture admirable

135   où les montagnes, l'estuaire d'un fleuve et la mer se reflètent, infiniment rapetissés sans

doute, mais avec une intensité qui surpasse celle des objets eux-mêmes, comme les

figures qui se mirent sur les parois d'une sphère. Mais cette peinture est inachevée,

Wang-Fô, et je veux que tu consacres les heures de lumière qui te restent à terminer ton

chef-d'œuvre. Tel est mon projet, vieux Wang-Fô, et je peux te forcer à l'accomplir. Si

140   tu refuses, avant ton supplice, je ferai brûler toutes tes œuvres, et tu seras comme un père qui a vu mourir avant lui toute sa postérité.

Sur un signe du petit doigt de l'Empereur, deux esclaves apportèrent respectueusement la peinture inachevée où Wang-Fô avait tracé l'image de la mer et du ciel. Wang- Fô

145   sécha ses larmes ; il sourit, car cette petite esquisse lui rappelait sa jeunesse. Il choisit un des pinceaux que lui présenta un serviteur et se mit à étendre sur la mer inachevée de larges coulées bleues. L'esclave accroupi à ses pieds broyait les couleurs; il s'acquittait assez mal de cette besogne, et, plus que jamais, Wang-Fô regretta son disciple Ling.

150   Wang-Fô commença par teinter de rose le bout d'un nuage posé sur une montagne. Puis, il ajouta à la surface de la mer de petites rides qui ne faisaient que rendre plus profonde sa sérénité. Le pavement de jade devenait singulièrement humide, mais Wang-Fô, absorbé dans sa peinture, ne remarquait pas qu'il travaillait les pieds dans l'eau.

155   Le frêle canot grossi sous les coups de pinceau du peintre occupait maintenant tout le premier plan du rouleau de soie. Le bruit des rames s'éleva soudain dans la distance, vif et cadencé comme un battement d'aile. Il se rapprocha, remplit toute la salle, puis cessa, et des gouttes tremblaient, immobiles, suspendues aux avirons du batelier. Depuis longtemps, le fer rouge destiné aux yeux de Wang-Fô s'était éteint sur le brasier du

160   bourreau. Dans l'eau jusqu'aux épaules, les courtisans, paralysés par l'étiquette, se soulevaient sur la pointe des pieds. L'eau atteignit enfin au niveau du cœur impérial. Le silence était si profond qu'on eût entendu tomber des larmes.

C'était bien Ling. Il avait sa vieille robe de tous les jours, et sa manche droite portait

165   encore les traces d'un accroc qu'il n'avait pas eu le temps de réparer, le matin, avant l'arrivée des soldats. Mais il avait au cou une étrange écharpe rouge.

Wang-Fô lui dit doucement en continuant à peindre:

170   - Je te croyais mort.

- Vous vivant, dit respectueusement Ling, comment aurais-je pu mourir?

Et il aida le maître à monter en barque. Le plafond de jade se reflétait sur l'eau, de sorte
175   que Ling paraissait naviguer à l'intérieur d'une grotte.

Les tresses des courtisans submergés ondulaient à la surface comme des serpents, et la
tête de l'Empereur flottait comme un lotus.

180   - Regarde, mon disciple, dit mélancoliquement Wang-Fô. Ces malheureux vont périr, si
ce n'est déjà fait. Je ne me doutais pas qu'il y avait assez d'eau dans la mer pour noyer
un empereur. Que faire?

- Ne crains rien, Maître, murmura le disciple. Bientôt, ils se retrouveront à sec et ne se
185   souviendront même pas que leur manche ait jamais été mouillée. Seul l'Empereur
gardera au cœur un peu d'amertume marine. Ces gens-là ne sont pas faits pour se perdre
à l'intérieur d'une peinture.

Et il ajouta:
190

- La mer est belle, le vent bon, les oiseaux marins font leurs nids. Partons, mon Maître,
pour le pays au-delà des flots.

- Partons, dit le vieux peintre.
195

Wang-Fô se saisit du gouvernail, et Ling se pencha sur les rames. Le bruit des avirons
remplit de nouveau toute la salle, ferme et régulier comme le battement d'un cœur. Le
niveau de l'eau diminuait insensiblement autour des grands rochers verticaux qui
redevenaient des colonnes. Bientôt, quelques rares flaques brillèrent seules dans les
200   dépressions du pavement de jade. Les robes des courtisans étaient sèches, mais
l'Empereur gardait quelques flocons d'écume dans la frange de son manteau.

Le rouleau déployé et achevé par Wang-Fô était posé contre une tenture. Une barque en
occupait toute le premier plan. Elle s'éloignait peu à peu, laissant derrière elle un mince
205   sillage qui se refermait sur la mer immobile. Déjà, on ne distinguait plus le visage des
deux hommes assis dans le canot. Mais on apercevait encore l'écharpe rouge de Ling, et
la barbe de Wang-Fô flottait au vent.

VII

La pulsation des rames s'affaiblit, puis cessa, oblitérée par la distance.

210

L'Empereur penché en avant, la main sur les yeux, regardait s'éloigner la barque de Wang qui n'était déjà plus qu'une tache imperceptible dans la pâleur du crépuscule. Une buée d'or s'éleva et se déploya sur la mer. Enfin, la barque vira autour d'un rocher qui fermait l'entrée du large ; le sillage s'effaça de la surface déserte, et le peintre Wang-Fô

215

et son disciple Ling disparurent à jamais sur cette mer de jade bleu que Wang-Fô venait d'inventer.

VIII

Organisation en cercles concentriques du recueil *Nouvelles orientales*

Comment Wang-Fô fut sauvé

Le sourire de Marko

Le lait de la mort

Le dernier amour du prince Genghi

L'homme qui a aimé les Néréides

Notre-Dame-des-Hirondelles

La veuve Aphrodisia

Kâli décapitée

La fin de Marko Kraliévitch

La tristesse de Cornélius Berg

http://www.evene.fr/celebre/biographie/novalis-381.php?citations

http://www.lacanchine.com/L_Zhuangzi.html

ZHUANGZI ET LE PAPILLON

Retour
sommaire

Zhuangzi et le papillon

Un jour, le philosophe Zhuangzi s'endormit dans un jardin fleuri, et fit un rêve. Il rêva qu'il était un très beau papillon. Le papillon vola çà et là jusqu'à l'épuisement ; puis, il s'endormit à son tour. Le papillon fit un rêve aussi. Il rêva qu'il était Zhuangzi. À cet instant, Zhuangzi se réveilla. Il ne savait point s'il était, maintenant, le véritable Zhuangzi ou bien le Zhuangzi du rêve du papillon. Il ne savait pas non plus si c'était lui qui avait rêvé du papillon, ou le papillon qui avait rêvé de lui.

Quatre concepts fondamentaux - 19/02/1964

Quelle est notre position dans le rêve, sinon en fin de compte d'être foncièrement celui qui ne voit pas? Il ne voit pas où ça mène, il suit, il peut même à l'occasion se détacher, se dire que c'est un rêve, mais il ne saurait en aucun cas se saisir dans le rêve à la façon dont il se saisit comme pensant. Il peut se dire « ce n'est qu'un rêve », il ne se saisit pas
comme celui qui se dit, « mais malgré tout je suis conscience de ce rêve ».

Aussi bien Tchouang-Tseu rêve qu'il est un papillon. Ça veut dire qu'il voit le papillon dans sa réalité de regard, car qu'est-ce que tant de figures, tant de dessins, tant de couleurs sinon, ce « donné à voir » gratuit avec ces marques pour nous de la primitivité de cette essence du regard? C'est un papillon qui n'est pas tellement différent de celui qui terrorise l'homme-aux-loups, et Merleau-Ponty en connaît bien l'importance et nous y réfère dans une note.

- Quand Tchouang-Tseu est réveillé, il peut se demander si le papillon qu'il rêve n'est pas lui. Il a raison. Il ne se prend pas pour absolument identique à Tchouang-Tseu. Parce que, étant ce qu'il était, il devait savoir si bien dire c'est quand il était papillon, qu'il se sait à quelque racine de ce papillon, que c'est par là, en dernière racine qu'il est Tchouang-Tseu;

- Quand il est le papillon, il ne lui vient pas à l'idée de se demander si quand il est Tchouang-Tseu éveillé il n'est pas le papillon qu'il est en rêve.

De rêver d'être : (c'est qu'en rêvant d'être papillon il aura à témoigner plus tard qu'il se représentait comme papillon), ça ne veut pas dire qu'il est captivé. Il est capturé de rien dans le rêve, c'est quand il est réveillé qu'il est Tchouang-Tseu pris dans le filet à papillons — la terreur phobique de l'homme-aux-loups, la rayure primitive marquant son être atteint pour la première fois par la grille du désir!

http://www.mediadico.com/dictionnaire/definition/irreel/1

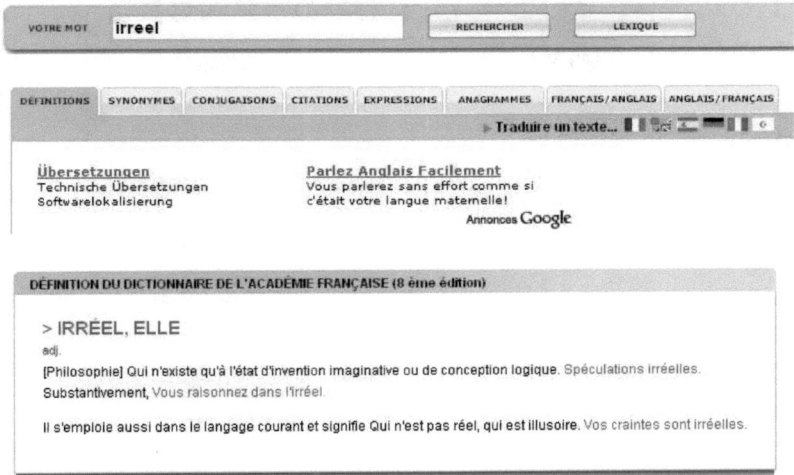

SUR GRIN VOS CONNAISSANCES SE FONT PAYER

- Nous publions vos devoirs
  et votre thèse de bachelor et master

- Votre propre eBook et livre –
  dans tous les magasins principaux du monde

- Gagnez sur chaque vente

Téléchargez maintentant sur www.GRIN.com
et publiez gratuitement